Cinemaginário

Ricardo Corona

CINEMAGINÁRIO

ILUMINURAS

Copyright © 1999
Ricardo Corona

Capa e projeto gráfico
Eliana Borges

Fotos de capa
Near Gordon Downs . South Australia . 1988
de *Photos*, de Wim Wenders
Objeto, de Eliana Borges

Diagramação
Geucimar Brilhador

Foto do autor
Ricardo Almeida

Revisão
Angelo R. L. Zorek

ISBN 85-7321-077-X

1999
EDITORA ILUMINURAS LTDA.
Rua Oscar Freire, 1233
01426-001 – São Paulo – SP
Tel.: (011) 3068-9433 / Fax: (011) 282-5317
e-mail: iluminur@dialdata.com.br
internet: http://www.iluminuras.com.br

ÍNDICE

VORTEX
Ventos e uma alucinação, 13
Andróides drogados no replay de édens, 20

LUNARES
Ondas na lua cheia, 29
E não explica, 31
Paisagem narcisista, 32
Na margem de todas as coisas: uma canção, 33
Sente-se e assista, 34
"Stealing Beauty", 35
Lua cheia, 36
Isopor, 3'1", 37
Do meteorito, 38
No céu, 39
Via-láctea via língua, 40
A chuva desce, 41
Passagem, 42
A lua finge mas já reflete sóis, 43

TUNGUSO-MANCHURIANA
Tunguso-Manchuriana, 49
O olho olha alheio, 50
Quero o insight o surto a ira, 51

Quando te insurgires dos refletores da razão, 52
Nascem flores com o tempo, 53
Miss tempestade, 54
Dói em mim uma dor estranha, 55
Ter a alma durando no tempo, 56
Narayama, 57

S A T I R I L Y R I C S (+ seis para HQ)
Meses ímpares de um ano par, 61
Esses esses, 62
Politikós, 65
Basquiat Street, 66
Basquiat Street, 67
Tempo, 68
Rusga de rugas, 69
Os homens são todos iguais, 71
Ela explodiu, 72
Olhando as formigas, 74
Osíris, 75
E cada luz é um olho, 76

Notas, 78

O cinemaginário do poeta cantor, 81
Wilson Bueno

Sobre o autor, 85

para meus cúmplices de sempre

Eliana Borges, Cauê
e Luiz Corona

VORTEX

VENTOS E UMA ALUCINAÇÃO

1.

sol tórrido no
aljazar

(lascas de zinco refletindo)

sol batendo
no sal

2.

das costas
do homem na barcaça
– e deu-se à estampa

(um sopro quente passa)

um caligrama na asa
do anjo
aprendiz da chuva

3.

rubricando, rebatendo
no arco-íris riso
da híbrida holografia

(do solo sobe um hálito quente)

espumas ainda agonizam
e novamente
o mar traz à margem sua franja

4.

atrás das pálpebras
o olho dá forma ao sol
: bola vermelha

(um vento mantra passa)

a íris fosforesce
aureolando as pupilas em brasa

5.

no cine Céu
a sessão inicia pelo fim

(o rubro horizonte nubla de repente)

barbatanas no céu anfíbio
guelras no céu íntimo

6.

hojes mais longínquos
lembram
ontens ancestrais

(um peixe roça a pele da pedra)

há uma escritura definitiva
nas estrelas
sílabas

7.

: a gula de luz
de uma galáxia canibal

(a lua finge mas já reflete sóis)

Anos-luz daqui
Andrômeda é a esfinge
da via-láctea

ANDRÓIDES DROGADOS NO REPLAY DE ÉDENS

1.

A lua incha no céu cheio,
ninfa mutante entre estrelas
de um céu-show

Da praia, onde

as ondas lambem a orla

e gozam espumas,

dá pra ouvir o uivo do mar

– replay de édens

2.

Lunar,
a paisagem sem luz, lugar
da imagem-transe,
vortex fanopaico

Reflexos orquestrados em seus

escarcéus

– poesia

na farra na liga

das línguas!

3.

Nós dois drogados de sentidos,
andróides no replay de édens,
roçando guelras no céu da boca,

– música amor maresia –

Nossas pupilas dilatam,

último site na lua cheia

4.

É diazul, soluz

e nada escapa a sua explicação –

com as pernas trêfegas,

tresandadas

pisamos nas poças distraídos

a cada passo

iluminura tremeluzente

– replay de édens

LUNARES

Lune, vagabonde Lune,
Faisons cause et moeurs communes?

JULES LAFORGUE

ONDAS NA LUA CHEIA

(poema sob influência)

A lua que tudo assiste
agora incide

O mar
— sob efeito —
ergue-se
crispado de ondas espumantes

Sua língua de sal
lambe e provoca
as escrituras da areia firme

Ondas deslizantes
redesenham
onde outras ondas ainda
desredesenharão,
fluindo
no fluxo
da influência

Sob efeito lunar,
o mar muda
e a lua,
antes toda,
agora, mínima

(

e quem com ela muda?)

E NÃO EXPLICA

> *Che fai tu, luna, in ciel? dimmi, che fai,*
> *silenziosa luna?*
> LEOPARDI

Praias –
eu as invento
à luz da lua alta
luz borrando zênites

A paisagem, menos
narcísica

O vento
as nuvens
– leveza –
abrindo sentidos vitais

Você nem percebe
râmulos aquáticos nascem corais

À noite,
a lua chama para si
toda possibilidade de luz

– depois, deita-se

E não explica

PAISAGEM NARCISISTA

Estando sempre à luz do sol,
a paisagem, narcisista, insiste.
E viciada em flashes e ohs!
ela se entrega ao flerte
de turistas, banhistas e surfistas.

Sendo ela que o sol eternamente assiste,
a paisagem, narcisista, insiste,
retendo estampas na retina, como se
somente a sua performance existisse.

Mas nela meu olhar não se detém,
nenhum clic, espanto, nada.
A memória agora está além,
nem a mais linda imagem é guardada.

Eu, de passagem e a paisagem, de paisagem.
Em mim incide o que está depois da paisagem:
oásis, Iemanjá, sereia, miragem.

NA MARGEM DE TODAS AS COISAS: UMA CANÇÃO
para Eliana

> *I heard the hissing rustle of the liquid and sands as directed to me whispering to congratulate me,*
> WALT WHITMAN

Estou na margem

dos encontros – sentir e ver:

vazio agora. O olho-câmera clica e vaza

de lances & paisagens,

passando – movies

pássaros

agora uma casa pisca

o vento arvora uma árvore

despedaçando-se no veludo das pedras

lambendo minhas pegadas

e o amor

nem menor

e aqui – entre os, no atrito

vibra, apavora. Nada está

vertendo vertigens num clip

chips de memórias. Tudo passando,

: ex-espumas

peixes

um barco bêbado dança

ondas loucas se erguem

ondas loucas deslizam

– não mais estou –

não é maior

que o mar.

sente-se e assista
o mar mal-humorado
água viva nos turistas

"STEALING BEAUTY"

no lugar-exílio

a menina dos olhos dilata

apalpa o êxtase

(como diziam as cartas)

e vê a tradução o transe

dos sopros da memória

a menina dos olhos lua cheia

rouba olhos que roubam

mas sua juventude retém Eros

e nada a ela refrata

: pose decalque da paisagem iridescente

lua cheia
lua luz
lua sol

ISOPOR, 3'1"

liga de lábios e línguas

trocando flocos de nuvens

dedos tarântula dedilhando a espinha

com leveza de brisa,

dissipando figuras que flutuam

na fumaça de incenso e marijuana

: morcegos

& mariposas

No isopor da noite,

heras brotam nos poros de Pégaso.

do meteorito
eu fico
com o risco

no céu
o que se vê
não mais estão

ex estrelas
revelam-se
em luz

via-láctea via língua

eis minha viagem

o quasar mais além

vai estar quase ali

o planeta terra

pingo no meu i

ponto na frase que se encerra

a chuva desce
pelo cheiro
a terra agradece

PASSAGEM

Para que as musas se movam
e tudo o mais também ganhe movimento
a paisagem passa pela paisagem.
Nuvens nublam o sol fixo no céu sonolento.

A paisagem que diz "bom-dia!" e tudo explica
desfaz-se diante da tempestade que se ergue ao sul.
Dela sobra e resiste só a estampa – ridícula –
na toalha felpuda do turista seminu.

Densa a tempestade se impõe,
no céu nenhuma nuvem passa em branco,
o azul alegre se entrega ao cinza elétrico das nuvens
e tudo encontra sentido, movimento, eco.

E eu, que não sou daqui e estou só de passagem,
anoto alguns versos que julgo não serem poemas,
diferente das ondas e dunas que se erguem,
furiosas, e aspiram escrever um alto-mar, um saara.

A LUA FINGE MAS JÁ REFLETE SÓIS

lascas de zinco refletindo

um sopro quente passa

do solo sobe um hálito quente

um vento mantra passa

o rubro horizonte nubla de repente

um peixe roça a pele da pedra

a lua finge mas já reflete sóis

TUNGUSO-MANCHURIANA

> *A análise do sentimento, sinal de força, engendra os sentimentos mais magníficos que conheço.*
>
> LAUTRÉAMONT

TUNGUSO-MANCHURIANA

o dançarino rubro
exibe chifres azuis   chama

para o círculo

o xamã acende
o grande olho da tribo

O olho olha alheio
dentro da feia ostra.
Descubra o seu brilho
pérola à mostra.

Quero o insight o surto a ira

Aflore o que dentro desespera

E nenhum gesto insigne e de espera

Sequer insinue um modo de cura

O que se sente por dentro e desperta

Aflora um lótus em cada poro

E nenhum deus melhor te prepara

A essa fruta sangüínea que irriga e trata

QUANDO TE INSURGIRES DOS REFLETORES DA RAZÃO

Quando te insurgires dos refletores da razão, Ah
eu estarei aqui
dentes à mostra , sonhos à solta
, e quando abrires as comportas,
tem coragem
que na borra das bordas
faremos um pacto
: doa tuas moedas de luz (
também as cápsulas alopáticas)
e monta no leopardo.

Terás o Acaso e os sentidos imprevisíveis   aloprados
que fecundam os jardins
              da imaginação.

NASCEM FLORES COM O TEMPO

To create a little flower is the labour of ages
WILLIAM BLAKE

sentir, eu sei, tem seu preço

dores prazeres amores

nunca erram meu endereço

a vida me quer sentindo

à flor da pele desde o começo

sentir, eu sentirei até o fim

nascem flores com o tempo

flores no vaso é com vocês

eu vou regar um jardim

MISS TEMPESTADE

Miss Tempestade não tem tempo

O cinza avança sobre o azul

Hieróglifos elétricos riscam o céu

Escreva, Miss Tempestade

Que esse dia branco é seu

Despenque sobre esse vazio

Preencha o silêncio de Deus

#

Escreva, Miss Tempestade

Não contemporize a sua intensidade

Dói em mim uma dor estranha

e não há osso músculo nervo

que me diga seu nome.

Dor assim eu carrego com calma,

sem medalhas gazes anestesias

– álibi algum alivia minha alma.

Dor assim eu carrego com charme –

doendo mais que a lâmina dos dias.

ter a alma durando no tempo

durando como duram as dunas

as dores levadas pelo vento

nenhuma dor durando inteira

como as pedras duras

um dia acordam dunas

NARAYAMA

põe
a meia-lua dos pés na mudez das pedras
corpo e alma no chakra da encosta
a fronte na fonte fresca
lava a saúva das costas
e entra
em Narayama

imprime
outra sensibilidade
antes
que o branco da neve
crie suas cristas
(a noite amontoa corvos) e
volta
sem olhar para trás

SATIRILYRICS
(+ seis para HQ)

MESES ÍMPARES DE UM ANO PAR

meses ímpares
de um ano par
que passou

dói lembrar
daqueles dias
em seguida

trinta e um dias
cravados
no ímpar

na overdose dos doze
esses são
os meses não

meses contados
no osso do soco
de um ano par
que passou

ESSES ESSES

isso
de querer
sempre mais
e mais
é coisa
do S

basta um dígrafo
e lá estão
os esses

dignos da
acústica
da palavra

um antes
e outro depois
mas
sempre dois
SS

e quando não
estão em dois
surge apenas um
nos finais
pra dizer
(
cheio de eis
uis
ais
)
que o plural
é sempre dois
ou mais

e quando não
estão em dois
e nenhum nos finais

esses esses
mudam o design
e se sabem
$

é como se
o esse
fosse o som
do sucesso

ou será à toa
que na palavra
sucesso
três vezes soa
três vezes aparece
?

POLITIKÓS

Tão idôneo,
chega a ser indolor.

Tão transparente,
chega a ser incolor.

BASQUIAT STREET

por uma estranha alquimia
(dentro desse museu)
tua alma invade a minha
em mim
soam palavras que são tuas
já sou uma de tuas figuras
querendo arranhar o céu
a lua
meus olhos se movem
a imaginação flutua
e através da janela moldura
vejo que teus riscos ainda se arriscam
na rua Basquiat

:

HEMLOCK, DOG, BLACK, MOON

SKY, TRASH, HOTEL, SLADE

BASQUIAT STREET

strange alchemy
(inside this museum)
your soul invades mine
inside me
sound words that are yours
I'm already one of your figures
wishing to scratch the sky
the moon
my eyes move
imagination floats
and throught frame window
I see that your strokes still risk themselves
in Basquiat street

:

HEMLOCK, DOG, BLACK, MOON

SKY, TRASH, HOTEL, SLADE

TEMPO

máquina
que imprime
a ruga

RUSGA DE RUGAS

Tenho duas rugas
que fogem à regra.

Uma delas
marca melhor com o riso.

A outra
marca melhor com a raiva.

As duas
– uma para cada olho –
estão dente

por dente. Disputando
qual tem mais sabedoria.

Como sabedoria
não é nenhuma ciência

e vai aparecendo –
claro! – com a experiência,

minhas duas rugas
usam a régua

pra medir qual
tem a maior saliência!

Eu sou apenas
o cara da cara

e sei que rugas
vêm com o tempo

que as imprime
inevitavelmente.

Apenas espero
que essa rusga não perdure, pois

está sugando – em sulcos –
minha tenra idade;

de rusga em rusga,
minhas rugas ainda rasgam a minha cara!

OS HOMENS SÃO TODOS IGUAIS

Os homens-erro estão
dizendo que os homens-certo
estão

Os homens-era já sabem
dos homens-já

Os homens-privada suportam
o cheiro dos homens públicos

Os homens-sócio sentem empatia
pelos homens-padaria

ELA EXPLODIU

A bruxa ardia
na fogueira e não
maldizia

ninguém. Nem
algozes

nem
curiosos

que faziam um
círculo de energia

contra

Havia prazer
naquilo

: a bruxa
queimando
até os ossos

e não
maldizia
ninguém

Dizem apenas
que ela
comeu

pólvora

OLHANDO AS FORMIGAS

tantas coisas para
fazer

estou há
horas

agachado

olhando as formigas

e acho
que não
estou

fazendo
h

olhando as formigas

    i n d o   e m   f i l a   i n d i a n a   p a r a   o   f o r m i g u e i r o

os nervos
dos meus
pés

enformigados

OSÍRIS

teus duros bicos
pontiagudos
a mais exata arquitetura

ápice-ímã
por onde Osíris
recebe Aton

teus duros bicos
sorvem o néctar da via-láctea
– perdurar a carne
como dura a arte

nestes versos, cogito
as pirâmides do Egito
sejam eleitas
as tetas do planeta

E CADA LUZ É UM OLHO

          para Allen Ginsberg

Noite.
A cidade acende
exibindo janelas de luz – clips
com climas de amor full time: medo
da noite e seus
ruídos
      alterados
chamando
          deuses
              & xamãs
                    para o convívio.
As luzes
      dançam
            quando acendem.
      E cada luz é um olho.

        Mu Shiva Eros Dionísio
          – Vocês estão aí? –

Arre!
    Vejo vocês,
          arruaçando
  igrejas ruas e bares.
        Ofuscando
  palavras iluminadas da publicidade
nos dizendo
      sempre o mesmo
           : nada.
  Fosforescendo heróis pornôs
em vitrais que só vidram com a luz do sol.

  Vocês erram
      e riem
          e dançam. Arre!

NOTAS

CINEMAGINÁRIO. Cinema + imaginário. Neologismo criado para expressar o "cinema mental" a que me submeti para escrever a maioria dos poemas deste livro. Entretanto, não se trata de aproximar a linguagem poética à do cinema, mesmo que contenha, inevitavelmente, a idéia de projeção contínua de imagens em nossa tela interna, idéia que sempre existiu, mesmo antes da invenção do cinema. Imaginação, talvez, a cifra desta safra em cinemaginário.

VORTEX e LUNARES. Movimento e desconstrução da paisagem-em-destruição. Chips franqueados do futuro. Fragmentos de memórias ou lugares inventados na voragem do olho da mente (alucinação, miragem). O olho-câmera focaliza a alma da paisagem para reinventá-la – na sua decadência – através de seus fenômenos e movimentos naturais, menos narcisistas, mais intempestivos e contaminados com a presença do ser humano. Paisagem sob a luz da lua (não explica). Paisagem solar (explica). O invisível invade o visível. O visível exposto ao seu exagero.

TUNGUSO-MANCHURIANA. O poeta é um ladrão de sentimentos (Rimbaud) e o xamã, um guardião. Intersecção entre modos de sentir. Regeneração de sentimentos.

SATIRILYRICS (+ seis para HQ). Poemas epigramáticos, de auto-ironia, humor, e marcados pela fala cotidiana (WCW e cummings). Nestes poemas, o tempo é o da oralidade, com métrica de respiração e sistema nervoso, que também sobrepõe os roteiros de histórias em quadrinhos.

Poemas:

1) "Stealing Beauty"
Sobre cenas do filme *Stealing Beauty (Beleza Roubada)*, de Bernardo Bertolucci.

2) Tunguso-Manchuriana, língua asiática da qual se origina a palavra xamã (xaman).

3) "O olho olha alheio / dentro da feia ostra. / Descubra o seu brilho / pérola à mostra." é uma tradução-mutação do poema "The eye looks vulgar / Inside its ugly shell. / Come out in the open / In all of your Brilliance.", de Jim Morrison.

4) Narayama
Conforme o filme *A Balada de Narayama*, de Shohei Imamura, na montanha de Narayama, próxima à aldeia Moto-Mura, habita um deus. A tradição exige que aqueles que atinjam 70 anos façam uma peregrinação até a montanha – e até a morte. No filme, a velha Orin é levada nas costas pelo seu filho Tatsuhei até Narayama para morrer e ver o deus. Uma fábula bárbara, lírica e tipicamente japonesa, mas de sentido universal.

5) Politikós
Poema feito no fluxo da influência de e.e.cummings (via Augusto de Campos) na poesia brasileira: "a politician is an arse upon / which everyone has sat except a man" ("um político é um ânus no / qual tudo se sentou exceto o humano").

6) Basquiat Street
As palavras "hemlock", "dog", "black", "moon", "sky", "trash", "hotel" e "slade" foram retiradas de obras do artista plástico norte-americano Jean Michel Basquiat (1960-1988). A minha versão do poema para o inglês contou com a revisão da poeta Luci Collin.

7) Rusga de rugas
Poema musicado por Luís Ferreira (Maxixe Machine e Beijo AA Força).

8) Ela explodiu
Sobre uma cena do filme *The pit and the pendulum*, de Stuart Gordon.

O CINEMAGINÁRIO DO POETA CANTOR

Quem tiver olhos de ver que veja, se já não viu — este *Cinemaginário* que aqui se exibe e representa, do curitibano Ricardo Corona, é, senhores, um refinadíssimo livro de poesia. Concentrado, a palavra limpa de uma limpeza quase enxuta, "clássico" no que tem de metro e medida, no que tem de decoro, esta palavra em desuso, *Cinemaginário* é um livro orgânico e concebido baixo o pecado bem-bom de produzir um livro-de-poemas, cousa assaz diferente de reunir, ao acaso, versos sem data.

Construir um livro-de-poemas é mais do que distribuir a esmo as nem sempre harmônicas flores de estilo. Necessário razão e sabedoria, a meu ver, para que elas com elas não desavenham, e nem desalinhem assim tudo o que se quis como um livro-de-poemas. E este é, de cara, o primeiro trunfo deste *Cinemaginário*; existem outros, mas nenhum tão "fundante" quanto este.

Dividido em quatro momentos de celebrada/ celerada imaginação — Vortex, Lunares, Tunguso-Manchuriana, Satirilyrics (+ seis para HQ) —, o livro parece aspirar fundamentalmente a um conceito que decifra, e devora, o para além da primeira visada sobre as coisas que será sempre, e apenas, exercício limitante, o do desvelamento da máscara, e não do que, genuína armadilha, ainda é a máscara da face se bem mais não seja a máscara primeira. Cai o pano. Sabedor do cinemovimento da dízima periódica, mesmo assim, ou por isso mesmo, o poema insiste. Aliás, *Cinemaginário* é um livro para além do ver, posto que perscruta e tateia, e pela teia da palavra, aranha ávida, já envolve o objeto que *descreve*, querendo-o inteiro, pura teima, o gosto insistente de buscar o que é que há atrás da imagem. Assim, podemos dizer que mesmo frente à intenção do grito, as palavras tratam as palavras com delicadeza ainda que para "informar", muitas vezes, o mais rude ou o menos afetuoso. É que as palavras não nascem do chão.

Dos quatro momentos em que se distribui *Cinemaginário*, "Lunares" me parece o mais fiel ao que se quis como o "desenho" de um livro-de-poemas e ali está o poema que, em minha opinião, melhor reflete e conceitua toda a obra — "Paisagem narcisista", com este belo fecho:

Eu, de passagem e a paisagem, de paisagem.
Em mim incide o que está depois da paisagem:
oásis, Iemanjá, sereia, miragem.

À parte o magnífico trato com as palavras, aqui em particular o poeta se declara, à luz do cinemaginário, o buscador do movimento que há por detrás da simpleza às vezes ingênua das coisas, o que há no movimento extraordinariamente repetível da miragem e que, por se repetir, ainda uma vez nunca é a mesma e glosa a sua pele inédita sob o sol. A paisagem estará sempre de paisagem para quem de passagem — e me ocorre que aí Ricardo Corona expressa, em síntese, todo o dizer do *Cinemaginário*, cujos "poemas-câmera" já iluminam o que há depois da paisagem — o tumulto da vida se processando em novas paisagens que, por seu turno, pretendem outras paisagens adictas ainda de outras paisagens, feito o cine-sonoro sobre a cena muda. Tanto assim que na estrofe imediatamente anterior, o poeta não poderia ser mais claro sobre os ofícios da paisagem:

Mas nela meu olhar não se detém,
nenhum clic, espanto, nada.
A memória agora está além,
nem a mais linda imagem é guardada.

De uma contemporaneidade que o faz, mais que um poeta jovem, o instrumentador afiado de um dizer, do "novo", suas raízes, Corona pontua, não sem malícia e segundas intenções, este *Cinemaginário* com algumas agudas epígrafes — da lua de Laforgue ao pensa/sentimento de Lautréamont, ou, outro modo de epigrafar as coisas, anota de Basquiat todas as ruas, de Jim Morrison perfaz o olho e o risco de acordadíssima tradução-mutante, e dedica a Ginsberg o (condoreiro) poema que fecha o volume.

Mas Ricardo Corona não se mistura: a sua dicção é de um gosto profundamente pessoal, dificilmente vista em livros de estréia, ainda que contaminada por tudo e por todos, síntese feliz com que o poeta "modula" a sua língua, os ícones devorados até a mais ruminante tortura.

Wilson Bueno

Sobre o autor

Ricardo Corona nasceu em 1962 em Curitiba (PR), onde vive. Na década de 80 residiu em São Paulo (SP), onde cursou Comunicação na Febasp (87). É autor de *"A"*, plaqueta de poemas e desenhos eróticos, em parceria com Said Assal (SP, Arte Pau-Brasil, 1988). Organizou a antologia bilíngüe *Outras Praias – 13 Poetas Brasileiros Emergentes / Other Shores – 13 Emerging Brazilian Poets* (SP, Iluminuras, 1998). Traduziu poemas de Apollinaire, William Carlos Williams, Jim Morrison, Allen Ginsberg, Imamu Amiri Baraka e Gary Snyder. Atualmente, edita a revista de poesia e arte Medusa, prepara um livro de traduções e um CD de poesia. *Cinemaginário* é seu primeiro livro individual de poemas.

Coleção Poesia

25 AZULEJOS
Fernando Paixão

A DIVA NO DIVÃ
Luciana Sadalla de Ávila

ANGELOLATRIA
Augusto Contador Borges

ANTOLOGIA POÉTICA
Francisco Moura Campos

AOS PÉS DE BATMAN
Joaquim Paiva

COÁGULOS
Álvaro Faleiros

CRISTAL / CARVÃO
Yone Giannetti Fonseca

DECERTO O DESERTO
Cristina Bastos

DESENCANTOS MÍNIMOS
Ricardo Pedrosa Alves

DESORIENTAIS
Alice Ruiz

DO OBJETO ÚTIL
Moacir Amâncio

FIGURAS NA SALA
Moacir Amâncio

LIVRO DE AURAS
Maria Lúcia Dal Farra

NESTA CALÇADA
Sidney Wanderley

OUTROS POEMAS
Régis Bonvicino

PERIPATÉTICO
Beatriz Azevedo

RETROVAR
Rubens Rodrigues Torres Filho

SOLARIUM
Rodrigo Garcia Lopes

Cinemaginário
foi composto em Garamond,
impresso sobre papel off-set 120 gramas,
capa em papel Supremo 250 gramas e
com tiragem de 1.000 exemplares.
Projeto beneficiado pela Lei de Incentivo para
a Cultura do Município de Curitiba,
através de sua Fundação Cultural.
1999

Opus & Múltipla
Comunicações